**PEQUENOS
REPAROS**

OMAR SALOMÃO

PEQUENOS REPAROS

Rio de Janeiro, 2017

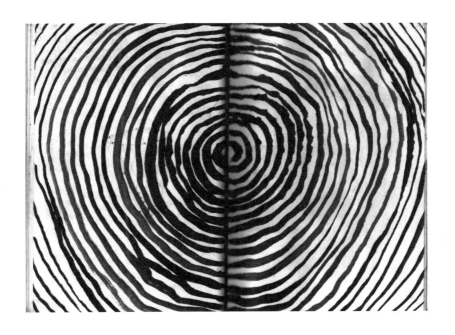

"Um peixe vem entrando. Tudo se revolve porque entra um peixe. Essa é a única mudança."

Kazuo Ohno

tempo

apenas tempo fosse
o som dos passos repetidos

o rio ainda é rio
e o tempo não vira
não muda, transforma

a escada e os ninhos
o som dos pássaros apenas

sem peso debaixo dos meus pés
ouço a água correr
molho o pulso e a nuca

eu paro sobre o cais
        minha sombra
           dança
           sobre as ondas

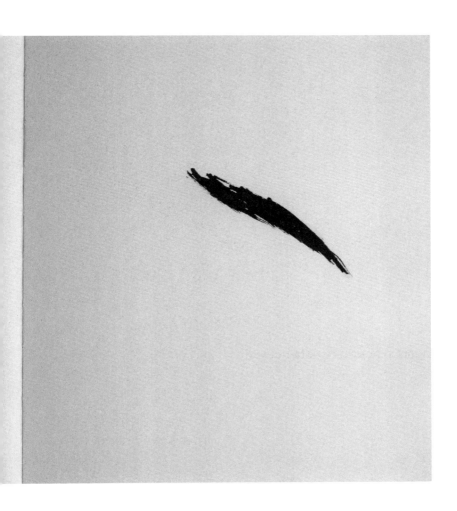

agora o horizonte está nublado   já não é

o mesmo mar   e um avião insiste em levantar voo

as escadas não acessam
pássaros
negros
estampados no peito
no seu peito

escadas
sustentando o tremor das pisadas
água, areia, concreto, aço

atravessar o muro
que cresce com heras e espinhaços
para ver o sol, que já não existe

filetes de sombras sobre o asfalto

eu escrevo no escuro pra não te acordar.
com as pupilas cegas
adivinho fileiras de letras
extensões, linhas, fugas, erros.
calculo espaços hipotéticos entre
sem certeza de onde
sem saber, nem ao menos, se elas de fato existem
ou, se no caminho entre o balanço dos meus dedos e a
ponta de metal
a tinta secou,
deixando apenas leves marcas,
relevos sobre papel.
frases transparentes,
que ao nascer do dia,
quando já as tiver esquecido,
tentarei, bobo, recapturar.

a caneta dança, ágil, vaidosa, inútil
e o papel, nu, segue branco no escuro
e eu, na sombra, escrevo e escrevo esse fluxo insone
enquanto você respira suavemente no meu ombro
e baba.

CAMADAS

INSTALAÇÃO

OBJETO

MÚSICA

POESIA

PROSA

FOTO

RASURA

FRAGMENTO

DESENHO

Eu me encontro aí exatamente. Nesse grito dessa boca sem fundo. Rouca de arfar e dizer tão pouco. Na transformação, logo antes da forma. É disso o exato oposto. Já não cabe o sussurro. Já não me afasta o uivo. Fragmentos disformes do que li, e ainda não encerram em mim corpo algum. Corpo de trabalho. Não há nada nobre aqui. Poeira, manchas, rasuras, borrões. Metades de poemas. Diversas tentativas de não. Desistências. Previsões não muito animadoras. E o retorno após o fim "na última vez tinha desistido de tentar, na última vez tinha desistido de tentar, na vez anterior e antes dessa também. E lá estava". E com uma semelhança que está em outro lugar. Sem marca. Sem querer estabelecer uma marca exata — ingênuo: pensa que é o barro que decide quais pegadas firmar. Mas e se o chão for de areia. Se a água vier lamber, apagar, afogar. Sigo, após esse grito. Debaixo d'água. Horizonte algum em mira. Apenas os pés pisando destroços e tesouros, impossíveis de se diferenciar. "Ao mesmo tempo teimar e deslocar-se no horizonte impossível." Ao mesmo tempo morrer e morrer. Ou nascer. Naufragar e nadar. Eu me encontro exatamente aí. Eu-ou

EU ██OU

linhas no escuro
passos estourados
contra o asfalto
linhas douradas pontilhando a estrada
as retinas se perdem entre reta e fim
e na reta mergulha-se no escuro foco e
fraqueza
e no escuro confundem-se

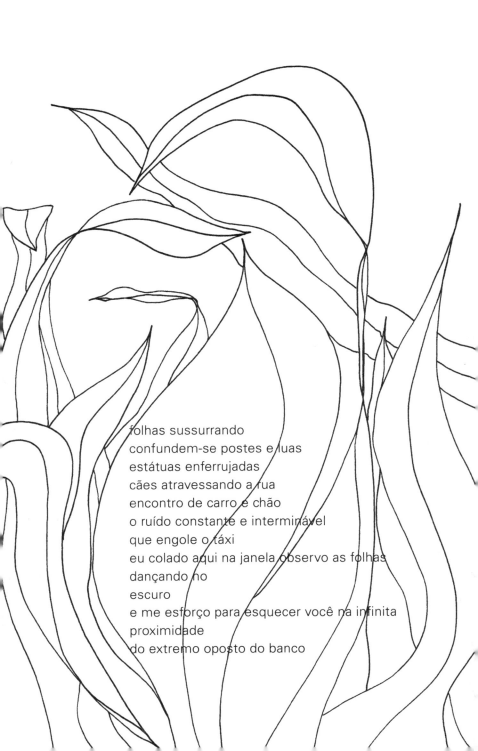

folhas sussurrando
confundem-se postes e luas
estátuas enferrujadas
cães atravessando a rua
encontro de carro e chão
o ruído constante e interminável
que engole o táxi
eu colado aqui na janela observo as folhas
dançando no
escuro
e me esforço para esquecer você na infinita
proximidade
do extremo oposto do banco

um corte abrupto
uma interrupção
como se depois
ao contrário de antes
não se sucederiam mais curvas
correntezas
selvas jubilosas
dessa vez viria
o vazio

pra se experimentar

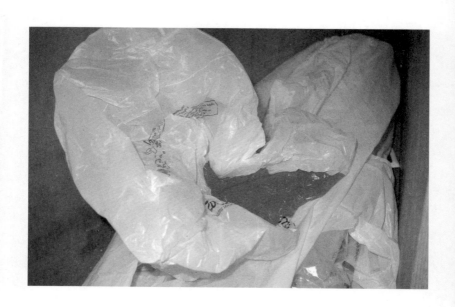

"tá tudo bem com a gente?"
"com a gente? sim"

TROPEÇA
E ME ENCONTRA UMA ASA
SUJA A MÃO E O JOELHO DE ASFALTO
RALA A PARTE INTERNA DA PALMA
ARDE, MAS NÃO SANGRA
OS PRÉDIOS CRESCEM
E SE ACUMULAM
FEITO OS LIVROS QUE
VOCÊ AINDA NÃO LEU
OLHA O CÉU
OS RESQUÍCIOS DE CÉU
A POEIRA FLUTUANDO
NO FEIXE DE LUZ
QUASE PARADA
E ESSA FOLHA QUE VOCÊ
TEM NA MÃO
PODERIA SER ASA
PODERIA

ilhas em busca do seu náufrago

frio
belo
duro
frágil

moldado em barro
meu coração
de
porcelana

cheira a terra
depois (durante) da tempestade

fio — limite e centro de estrada
cada início é precipício
todo passo queda

nascer é depois
é cavar — abismos (?) — com a mão
afundar os castelos mais belos

meu reino é rocha
esculpida a grito pelo mar

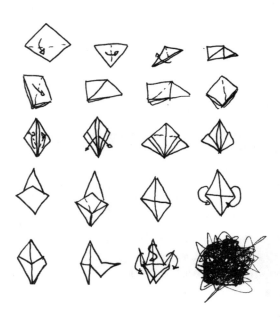

"acho"

eu tenho sono
e tenho medo
e tenho medo durante o sono

não tenho fome
me empanturro continuamente
não tenho sede
não me deixo ter sede

tenho sono

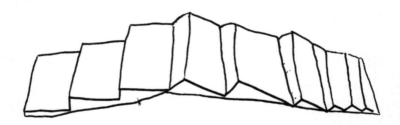

galope

quando tudo parar de girar
eu vou correr a praia
procurando os destroços
salto do píer
vasculho fundo
atrás de vestígios, segredos
(pedaços íntimos de um quebra-cabeça esquecido)
remendos nesse barco sem leme
improviso pá em remo
e à medida que a água entra
        água e sal
            mar e suor
miro firme o horizonte
o impossível horizonte
miro o ponto mais distante
tudo é caminho,

e remo,
        e cavo,
                e cavo,
                        e remo

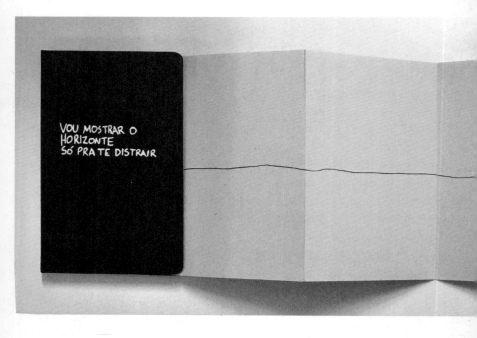

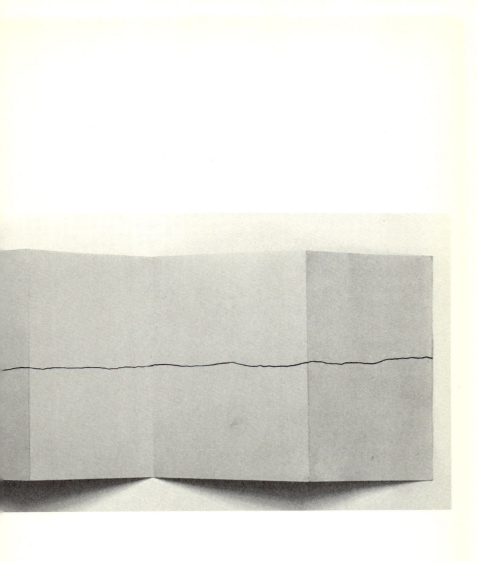

planos

o fio d'água
rente à calçada
some entre
as brechas da boca do bueiro
sobra apenas o
delicado som de queda

você ouve o que eu ouço?
o sangue no vidro
fiapos de espelho
cortando meus dedos
fileiras de insulfilm
desencapando o asfalto
rimos
seguindo linhas no retrato
arrastado pela rua
o cimento no seu riso surdo
de orelha a orelha
todos os retratos do mundo
são nossos amor
todos os sorrisos
são velhos
todos os risos
perdidos
já vivemos tanto
amor
a luz que rasga entre
as copas das
árvores

e o farol alto
me procura
flores sobre os fios
o que lê refletido
no brilho
alcalino dos sorrisos
atrás de ajuda
nos anúncios coloridos
neon e vidro
rimos, muito, amor

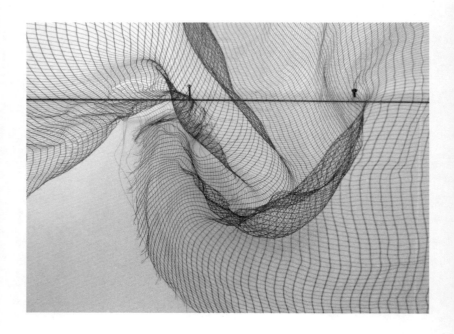

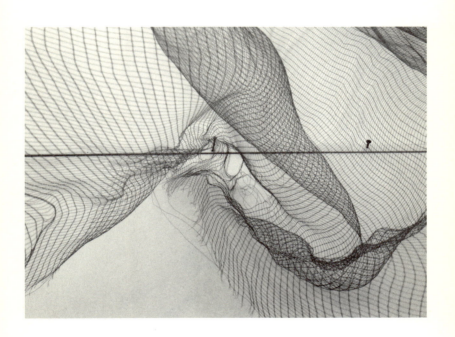

PARECIA-LHE
APENAS QUE A CENA SE PASSAVA NUM MUNDO DE FANTASIA, ONDE, POR DESCUIDO, ESTAVA.

Tive uma sensação estranha quando vi a casa desaparecer. Era como se eu tivesse escrito um poema e ele fosse muito bom e eu o tivesse perdido e nunca mais fosse lembrar dele.

britas e trilhos de um caminho vazio
vira ao longe, se distancia
repete o mesmo trecho
dia a dia
ecos
tem cada impressão mais
pálida
e com menos tinta
quase não se ouve
o seu timbre
empoleirado na janela
a vista perdida
na paisagem que pouco
muito pouco
se modifica

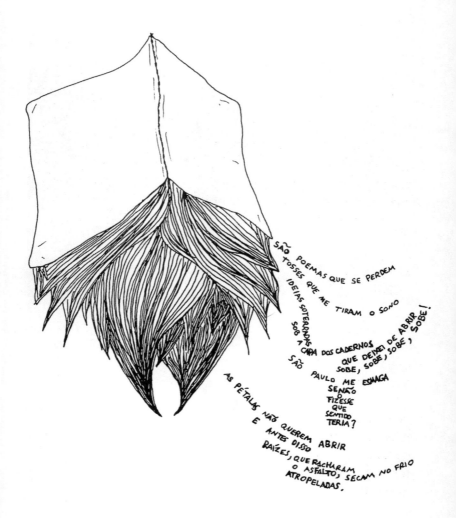

São poemas que se perdem
tosses que me tiram o sono
ideias soterradas
sob a capa dos cadernos
que deixei de abrir
sobe, sobe, sobe, sobe!
São Paulo me esmaga
senão
o
fizesse
que
sentido
teria?

As pétalas não querem abrir
e antes disso
raízes, que racharam o asfalto, secam no frio
atropeladas.

eu tenho por hábito esquecer

eu tenho por hábito
esquecer onde estou

eu tenho por hábito me desacostumar
eu tenho por hábito desaparecer

saio
habito sua pele (outras peles)
e já não me resta muito
o que pensar

não esquecer o amor
e não deixar o amor
me estraçalhar

habito labirintos
ocupo prédios vazios
restam apenas linhas fios
cabos delírios

rio rio rio
tenho por hábito
distorcer os fatos
tenho por princípio
desabitar

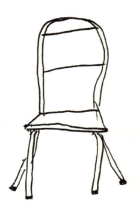

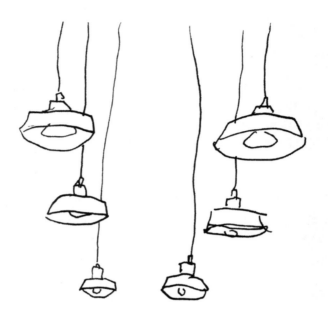

MAIS
ALGUMA
COISA?

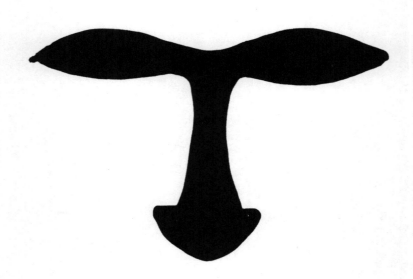

DIAS INTEIROS NO MEU CANTO
IMAGINANDO ERROS, VAZIOS RELÂMPAGOS
RECICLANDO MEUS VÍCIOS
FOLHEANDO VELHOS LIVROS
ENQUANTO AS PÁGINAS ~~███████████~~
PERMANECEM PÁLIDAS FRIAS VAZIAS

~~EM BRANCO~~ EM BRANCO

TUDO ESTÁ AO
NOSSO ALCANCE
E TUDO NOS ESCAPA

TUDO ME PARECE
DISTANTE
MAS NÃO HÁ NADA
QUE ME
~~████████~~
~~████████~~
~~████████~~
~~████████~~

EU NADA FAÇO
E AINDA ASSIM

FAÇO TUDO
ERRADO

E
AINDA ASSIM
SEM MEUS ERROS

NÃO SERIA
NADA

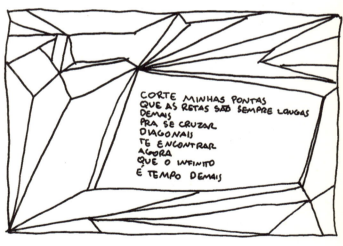

CORTE MINHAS PONTAS
QUE AS RETAS SÃO SEMPRE LONGAS
DEMAIS
PRA SE CRUZAR
DIAGONAIS
TE ENCONTRAR
AGORA
QUE O INFINITO
É TEMPO DEMAIS

o vidro ultrapassa a bala
o vidro transformado em tiro
ultrapassa a bala
o tiro transformado em ar
transformado em risco transformado em vidro
ultrapassa

termina
determina
detém

rumo mais e mais delgado.

Mas todo este tremor em um corpo exposto com todos os seus órgãos, as pernas, os braços movendo-se com seu ajustamento de autômato, e ao redor das rotundidades da garupa que cinge o sexo bem fixado, rumo a estes órgãos? cuja sexualidade aumenta, sobre os quais a sexualidade eterna cresce, se dirige uma revoada de flechas lançadas de fora do quadro. Como nas ramagens de meu espírito, há esta barreira de um corpo e de um sexo que está ali, como uma página arrancada, como um farrapo desenraizado de carne?, como a abertura de um relâmpago e do raio sobre as paredes lisas do firmamento.

Mas alguns lá em...

zar
zar
zar
par
vol
tar
voltar?
vol
tar
a
voz
u
sar
voz
vo
ci
fe
rar
rá!
afundar
até sentir
os pés firmes
no fundo
na areia, na lama
nos corais
ahhh!
sal e ar
sob as águas
caminhar
(onde nem jesus)
caminhar
sobre destroços e tesouros
(como se fosse possível diferenciar)

sal e ar
vociferar
até arder
do olho ao cu
(como se diferenciar...)
até não mais se mover
firme
na guarda
sal e ar
o céu oculto
pra quem não descansa
as costas suadas e quentes
contra o silêncio do asfalto
frio
e faz
reverberar o pulso
pela cidade

cu & dado
jamais abolirá
(como se possível fosse)

para guilherme zarvos

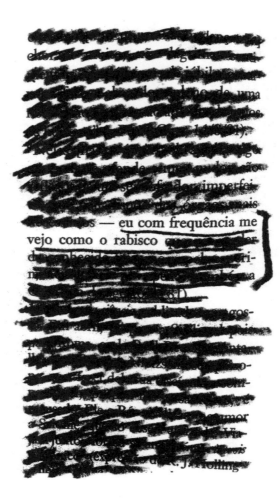

por que não?

biscoito não serve
só se diz bolacha
ah, me deixe beijos, delegada
agrados e mais
os garfos e serras
dos gafanhotos
pra destruir
colheitas e previsões
santos já temos todos
feito Bahia, já que
Pernambuco ainda não passamos.
banana, cacau e canela
café também
falta jenipapo
mas ameixa e jabuticaba
servem.
e seu nome, talvez.

eu vejo rasuras nos tijolos
eu vejo o sol e as nuvens
eu vejo o que todos veem
eu vejo o simples e o precário
eu vejo a rua
eu vejo o cansaço
eu me vejo
eu vejo os anúncios coloridos
eu vejo peles claras e escuras
eu vejo estrelas fluorescentes no teto
eu vejo os livros que ainda vou ler
eu vejo o lixo
eu vejo as manchetes de ontem
eu vejo o céu furta-cor
eu vejo velhos na praça
eu vejo o tempo passar
eu vejo o relógio de design que nunca funcionou direito
eu vejo minhas canetas
eu vejo meu dedo torto
eu vejo o girassol e a pétala murcha que arranquei mais
cedo
eu vejo a mancha de uma de minhas canetas no sofá
eu vejo o tempo passar
eu vejo o piano calado
eu vejo as folhas mortas da roseira
eu vejo o que escrevi
eu vejo o que rasurei
eu vejo as luzes do Pacaembu (ouço os gritos também)
eu vejo as vias feito veias sanguíneas entupidas de
automóveis
eu vejo a foto do meu pai ainda novo

eu vejo o café frio na xícara
eu vejo o vaso sem terra
eu vejo minhas fotos desbotadas pelo sol (preciso
colocá-las em outro lugar)
eu vejo um pedaço de casca de ovo do café da manhã
eu vejo papéis soltos com ideias soltas
eu vejo fios de cabelo no chão
eu vejo o pó sobre o vidro da foto com você dançando

só não vejo a porra das minhas chaves!

um ouvido atento

ouve os pingos do veneno

colisão (ouro algum permanece)
me diz se algo presta
parte, resto, peça
o que for possível salvar

do rescaldo faremos festa
seja tudo fogo, seja tudo outro

nesse brilho solto
tudo é nosso amor
festa, farra, foda-se

o sol ameaça   horizonte
faísca o mar   instantes
fúria e festa
o tempo não zera

me diz se algo presta
que seja tudo ouro
ou urro
ou erro

daí faremos (aí seremos) festa
festa, farra e foda-se

nosso brilho solto
(doido, doido)
~~infesta~~

um brilho distante no jardim

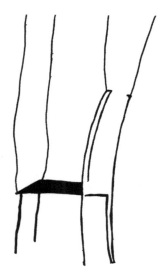

a água pingando da sacada
o prato transbordando e o
vaso rachado
a planta não suporta tanta água
quer sol
tomba para os lados
suas folhas murcham
e sua flor, que tentava abrir, cai

notas de um canto
todo deserto tem seu oceano

SABE QUANDO
UM PEDAÇO DE
REBOCO SE DESGRUDA
DA PAREDE E
E CAI
DIVERSOS ANDARES
ATÉ O CHÃO
E QUANDO REPARA
ESSE REBOCO É
NA VERDADE
COLUNA, VIGA,
VÉRTEBRA

AINDA QUE PRÓTESE
— TALVEZ JUSTO POR ISSO—
PEDAÇO QUE GARANTE
FIRMEZA AOS DEGRAUS
AOS PASSOS

PALMEIRA
COM SUA METADE
DE CONCRETO
SUBINDO IMPONENTE
ENTRE AS NUVENS
GRITANDO AOS SETE VENTOS
"EU POSSO TUDO!"

SABE QUANDO
UM PEDAÇO DE REBOCO
SE DESGRUDA?

QUANDO ATÉ A
BRISA PARECE PODER
DERRUBAR

é grande
a cidade a rua o dia
grande
as luzes do sinal
pintando de verde as árvores
brilham vermelho em nossas mãos
atadas
e nossos pés molhados
é grande
a necessidade de ver você
na cama
treme o músculo
e eu já não durmo sem seu cheiro

dama da noite
canta sobre os rochedos
derruba os marinheiros
afunda embarcações

vou enviar o vento
pra lhe roubar um cheiro

(a voz esqueça
na boca seu perfume)

TODA MINHA CALMA VEM DO MAR *

---

* E NUM PROCESSO
DE GRAVAÇÃO MNEMÔNICA
EU RETORNO AO MAR
E ME DEPARO NOVAMENTE
COM A CANÇÃO ESQUECIDA,[1]
ANCORADA NO SAL DA
FLOR QUE FLUTUA
NAS MAROLAS
E QUE ME FAZ
FLUTUAR

---

1. SEM NUNCA TER A CERTEZA
(E NEM PROCURAR TÊ-LA)
SE É A MESMA MELODIA,
A MESMA LETRA, OU,
AO MENOS, PARECIDA.
PORÉM, COM ABSOLUTA
CONFIANÇA DE SE TRATAR
DA MESMA CANÇÃO.

— ~~███████████████████~~ — disse, mas em seguida me arrependi.

sobra algo de nós nos cantos da casa
peças de roupa, copos e cigarros
a fuligem dos dias sobre os móveis
os restos de folia encostados
as tábuas do chão rangem
e são o único som na casa
as paredes se fecham
e os jornais de ontem se acumulam
gotas escorrem pelo vidro
deixando turva a visão pra rua
quase esqueço
quase
e a pele não deixa

ANDANDO A DISTÂNCIA
DA FACHADA DOS PRÉDIOS
DESABANDO.
AS LUZES DE NEON

Já não cabe o sussurro

AINDA VIBRAM NA ESTRUTURA DE METAL
DOU PARA OUVIR OS GRITOS
E VER PEDAÇOS DE CONCRETO SE DESPRENDENDO

não sei
vou sem dizer
eu ouço o dia
deixa ver

pra perder o tempo
nos olhos lentos
dá pra ver
as palavras ficam dentro

somos desejo
olhos atentos
feito faca
dois olhos
falcão
a lhe arrancar
com as garras
por entre as grades
as penas e a calma

eu ouço o dia
não sei
deixa o dia
se acalmar
nos olhos, deixa
ver
amanhecer

TODAS AS COISAS

SIGNIFICAM

OUTRAS

COISAS

no silêncio dos meus passos
nada ocupa minha moldura cansada
o que a maré levou
agora se acumula no fundo de alguma praia
misturado com areia
na ponta onde a calçada acaba
meus passos abafados
minha perna cansada de caminhar
o fôlego é curto
e os mergulhos cada vez mais profundos.
gosto da mão suja
de escavar, cavar
cavar, cavar
da terra seca até a lama, até a pedra
rachar a ponta dos dedos
lascar as unhas
cavar, cavar, cavar
mesmo nos dias sem lua
vagar, vagar, vagar

a cheia bagunça minhas lembranças
vazante leva pedaços com ela
junto os destroços
não se encaixam bem
gosto assim
a maré vem, lava e não leva
os destroços que sou

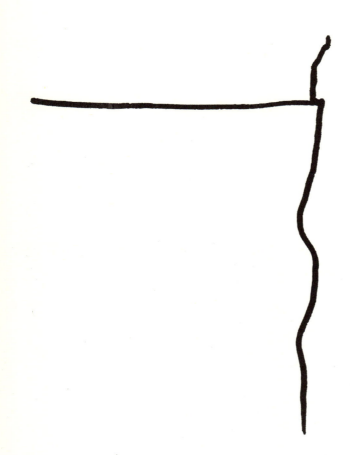

um novelo vermelho incandescente que se desenlaça
morro abaixo
costurando-se com o verde da grama

quantas vidas
sem encontrar o caminho de volta
sem se separar de sua paisagem

troca o espartilho
transforma-se em outra
peça
em outro
puçá de almas
cata passados no ar

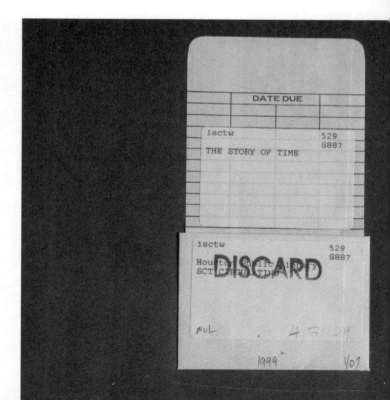

feito quem caça borboletas
ou as inventa
e tal e qual nuvens, se movimenta
sem aviso
alterando-se em outro
e outro e outro e
some

até retornar em chuva
mudando não apenas a percepção
mas o sentimento
a sensação da terra
pisada
e seu cheiro

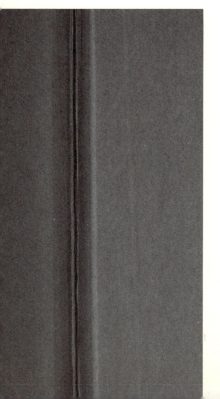

— esse é o meu ponto de vista! — respondeu firme.

pestanejou e em silêncio caminhou até um determinado ponto. olhou ao redor. virou-se e olhou fixamente o ponto de onde havia saído, como se desenhasse com a vista uma reta. em seguida, foi para outro ponto não muito distante. se virou e repetiu o procedimento, marcando o ponto de onde acabara de sair.

repetiu inúmeras vezes, circundando seu ponto de origem até parar exatamente ao lado do primeiro determinado ponto. olhou em torno, olhou seu ponto de vista. parecia, agora, não existir, ou não conseguia localizá-lo com certeza, estava vago. olhou ao redor e partiu.

até hoje não se têm notícias confiáveis, tampouco precisas, do ponto do mapa em que se encontra. dizem alguns que jamais retornou ao mesmo ponto. tendo em vista de onde partiu, dizem outros, que nunca o perdeu — apenas olha outros pontos.

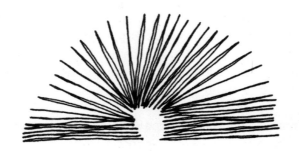

SOBRE A PERCEPÇÃO DO ESPAÇO

SOBRE A PERMANÊNCIA NO ESPAÇO

corre um rio
abaixo de um grande rio
outro
se movimenta, lento e silencioso
ninguém penetra sua superfície
que rasga a terra e se modifica
é sempre outro
e ainda assim o mesmo
ninguém o vê
ninguém mergulha o corpo em suas águas frias
seu tempo é outro
é o espelho e o oposto
é rio e não é
é fio de lâmina
faca arrastando-se
quilômetros abaixo
léguas abertas ao largo
(trilha aberta a golpes de facão)
é rio e é tempo
expande seu reino solitário
e ao contrário do acima
não se apressa em se acabar
fura o tecido da terra
fura o chão e acha ar

dançar poemas. versos inspirados por melodias, e, ainda assim, desencaixados. letra extrapola a música. dança que atropela o sentido. desencaixe. uma caixa preta com desenhos de giz que podem durar pra sempre ou se apagar com a mão. a floresta não leva para lugar algum porque não há lugar algum para ir. você está perdida dentro de si. os frágeis desenhos de giz que não fez. as linhas tortas que não seguiu. o horizonte negro e infinito. o que o olhar esconde e a luz revela é igual. ilusão. invenção. e o ar seco de giz.

———————————

poemas para melodias. e o corpo em movimento.

———————————

vem
diz pra mim
o que está
acontecendo
por que
escureceu tão cedo

linhas tremidas de giz
o vento abrindo a porta
que fechei
me diz se vem, se vou
cansar
horizonte arranhado

se os desenhos que eu não fiz

vão se apagar
linhas de giz
e os planos que eu tanto quis
risos que eu não ri
casas e jardins
vão cansar, cessar, sumir

vou desenhar fios desencontrados
céus riscados
embolados em nós

riscos secos do giz, menos que a memória,

de olho no relógio,
esperando o tempo resolver o problema do espaço.
o metrônomo é mais suave que o pulso, mais estável
também, hipnótico.
meu pulso anda desregulado, quase some, quase para, em
seguida, corre, dispara. não sei no que confiar.
daqui de casa vejo a cidade, as montanhas, o mar.
e as nuvens negras que não passam.
você também vê o mesmo mar, a mesma cidade, as
mesmas montanhas. mas de outra casa já não é o mesmo
olhar.
me faltam as asas que as gaivotas esbanjam em círculos
no céu.
o relógio nunca adianta,
atrasa de vez em quando.
a distância permanece a de antes.
as nuvens negras que não passam.
e não chove.
é o inverno chegando ou passando, já não sei dizer.
a geladeira grita quando não deveria.
e a lembrança do brilho fosforescente do seu rosto ainda
serve para me acender.
talvez não seja mesmo necessário asa, só de você um
tanto.

quando o desejo coincide com o desejo
você tá aí, e aqui, agora, nem tem vista, mas estamos
olhando pras mesmas coisas.

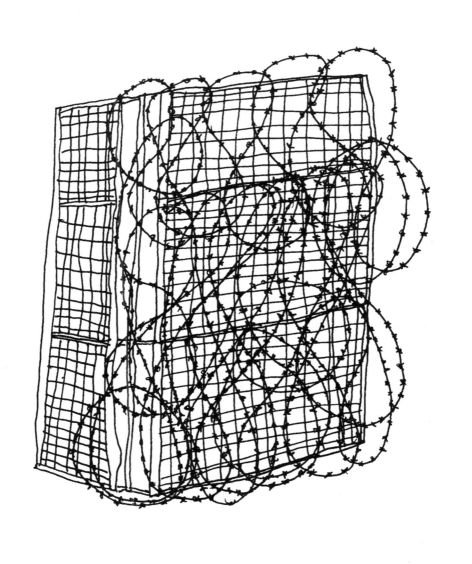

COMO FAÇO PRA VOCÊ GOSTAR DO QUE EU FAÇO?

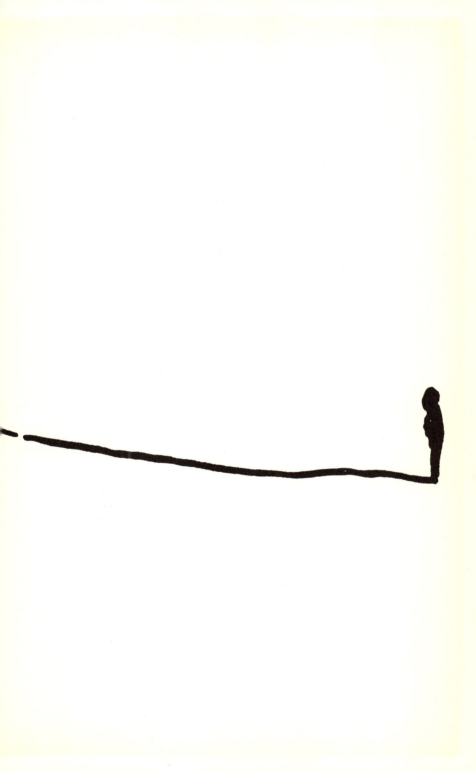

o cocar branco
pena de pano de
onde o céu abre
o tronco racha
entre granizos
na chuva desaba
escorre do vidro
nosso risco
nossa vontade de céu
eu insisto
quebro
persigo palavras
e os olhos assistem
às rochas, seus precipícios
eu preciso viver
o perigo que está em nós
eu divido com você
       o silêncio, o sentido e os gemidos

olhos de gato perdidos na estrada
olhos de ressaca
observo de perto seus olhos:
precipício

~~MARÉ VAZA; NA~~ FIRMEZA
QUE RETORNA, DEIXANDO PEDAÇOS DE E
NA AREIA ███ █ ████ ███ MINH
PESQUISA AVANÇA E RECUA FEITO A M
SOU EU QUEM PARA SOBRE O CAIS.
~~████████████████████████████~~
A ÁGUA CORRER.

A PEDRA ERA UMA PEDRA
E A PORTA PARECIA LEVE
MAS NADA SE MOVIA
NADA SE ABRIA

A ÁGUA ERA ÁGUA
O PORTO, APENAS TÁBUAS
E O AR DESAPARECIA
TÃO POUCO EU SABIA

feliz e triste
tantas coisas vi
o brilho de cacos de vidro
no fundo do rio

mapas não são meu chão

imitei as palavras
e as respostas do silêncio

ninguém diz
eu te amo
como eu

as palavras ficam no corpo
frases soltas, fáceis de repetir
difícil é torná-las si

feliz e triste
tantas vezes disse

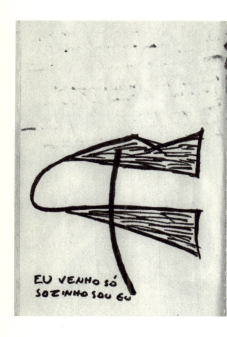

A SENSAÇÃO
DE UM BEIJA-FLOR
FORÇANDO O CORPO CONTRA O VIDRO

AO LONGE, AS ÁRVORES, DIA CLARO, CÉU ABERTO
NÃO CHEGA LÁ

SUAS ASAS ACELERADAS
— SÓ ENXERGO UM RISCO —
O LONGO BICO SE ARRASTA PELO VIDRO
SE DEBATE
MAS NÃO ALCANÇA

A SOMBRA DAS NUVENS MANCHANDO A CIDADE

ruas e desvios
cruzo, caminho
e tomo ar
pra correr
as ladeiras
torcer as curvas
ribanceiras
e o que o olho ainda não alcança
o mundo em mim
e eu tomo ar
pra cantar
de dentro da língua entrevada
dos espaços estreitos
frente ao mar
e eu tomo ar
pra seguir
nada segura aqui nem lá
afio
e abro estradas

tomo ar
~~e corro~~
tomo ar
~~e canto~~
tomo ar
~~e vou~~

"Sem pestanejar, eu disse que não", disse ele. "Eu só disse isso rápido, assim: não." Ele olhou para baixo. "Sabe o que aconteceu depois?"

transformando nossas vozes em ecos
distantes, confusos
as folhas escondem as direções
e depois
nos encontramos ou não
somos sinais repetidos
eu você e o horizonte em linha
sem montanhas ou ilhas
pra desviar nossa monotonia

vem
trocar assobio
vem
escorrer dos olhos
fogo e neon

trago farpas de cais nos versos
terra firme e náusea
cambaleio
por essas ruas secas

escondo meus mundos
não te conto muito
escorre neon do fundo dos olhos
explode o céu
nossos corpos
nossos fogos

sobra um pouco de mel (sobra pouco mel)
o vento arranca flores do chão
procuro suas pegadas no cimento duro
na luz perdida entre as heras garradas ao muro
pequenos reparos
não muito
daqui eu ouço o rio correndo
daqui de cima
olho o mundo em silhueta
leio de poemas (perco palavras de um poema que não
soube escrever)
que nunca soube escrever
meu muro cheio de cacos
daqui tudo é perigoso

escute o céu, o mar e o chão
ainda escuros (indefiníveis)
brilhando os passos
mudando nomes ruas curvas

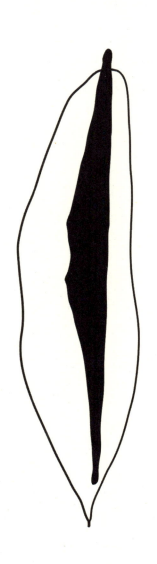

O FAROL
DOS CARROS
DESCENDO
A SERRA
DESENHA
UM RIO
SINUOSO
NO CORPO
DA SILHUETA
QUE RASGA
SEM PRECISÃO
O CÉU
EM COMBUSTÃO
POR UM SOL
QUE JÁ NÃO
SE VÊ

a explosão ecoa
por ruas escuras
sou mais um correndo
em torno do parque
o trajeto é um só
dois
somos dois
e nunca nos achamos
conto os passos
distanciando
somos o som
de uma rua escura
nenhum anúncio colorido pra ver por onde eu sigo
somos o som
de uma rua
escura
somos
um

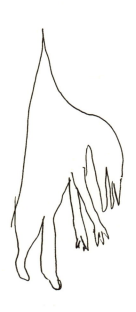

aprenda enquanto eu sangro
dessa janela pequena
por onde ando

largue a bula
apague meus sinais
decifre durante o jogo
regras
errantes
vida
o sol nascido pouco antes
no fim do mar

aprendi a respirar
de um jeito diferente
(cheiro da gente)
a reta se curva
e a água não para
vence o que a vida segreda
reviro noites
cantando meu ar
danço sobre o som que
quebra

mar indo além
areia voltando
devore-me o céu
sangre o sal dessa pele
desfie a unha nessa carne
o sol nasce antes no final
no fim do mar
vide o verso
vire mar

Zero. Desceu. Subiu. Zero. Desceu. Tirou os sapatos, as meias, enfiou as meias enroladas dentro de cada pé de sapato e subiu. Zero. Pulou. Zero, zero, zero, zero. Esperava por isso, quer dizer, imaginava, sabia da possibilidade, mas não tinha certeza. Não tinha certeza no que acreditar. Parou e respirou fundo. Gritou, ou achou que tivesse gritado, ao menos sentiu como se tivesse e se assustou com a calmaria que veio a seguir. Respirou. Respirou fundo e desceu da balança certo de que havia morrido. Puxou os sapatos com a ponta dos dedos em gancho e ao pisar descalço na calçada parou. A brisa fina batendo em sua nuca e o ruído da água que vazava de um bueiro lhe trouxeram calma. Afrouxou o nó da gravata, tirou o paletó e o arrastou até alcançar a praia. Mergulhou na areia e dormiu.

"Quando o peixe entra dentro de nós, de repente, seus olhos nos tomam por inteiro. Dentro dos olhos do peixe, o que diz o movimento dos seus dedos, o movimento de suas mãos?"

Kazuo Ohno

OLHE
DE
NOVO

OUTRA VEZ! OUTRA
VEZ!
OUTRA VEZ!

gostaria de agradecer aos leitores e integrantes de primeira hora desse livro, e dos textos e fragmentos que o compõem: manoela sawitzski, julia wahmann, rodrigo cascardo, daniel castanheira, miguel jost, beta germano, bruno simões, heloisa buarque de hollanda, khalid salomão, flora tucci, francisco salomão, virginia cavendish e luisa arraes.

também a ana pato pelo convite para a bienal da bahia, processo que se entranhou em muitos escritos (e em mim).

a george simenon, raymond chandler, ericson pires, roland barthes, antonin artaud, friedrich nietzsche, waly salomão, jorge luis borges, folha de s. paulo e kazuo ohno pelas palavras (citadas, fotografadas, rasuradas ou distorcidas no livro).

dedico esse livro a minha mãe

Copyright © Omar Salomão, 2017

CAPA, FOTOS, ARTE E DESIGN GRÁFICO Omar Salomão
FOTO DO AUTOR NA ORELHA POR Camila Sposati
FOTO PÁGINAS 32-33 POR Rafael Alves (galeria Silvia Cintra + Box 4)

CIP-BRASIL. CATALOGAÇÃO NA PUBLICAÇÃO
SINDICATO NACIONAL DOS EDITORES DE LIVROS, RJ

S17p

    Salomão, Omar
        Pequenos reparos / Omar Salomão. – 1. ed. – Rio de Janeiro : José
Olympio, 2017.
: il.

      ISBN 978-85-03-01317-8

      1. Poesia brasileira. I. Título.

17-39862   CDD: 869.1
                           CDU: 821.134.3(81)-1

Este livro foi revisado segundo o novo Acordo Ortográfico da Língua Portuguesa.

Todos os direitos reservados. Proibida a reprodução, armazenamento ou transmissão de partes deste livro, através de quaisquer meios, sem prévia autorização por escrito.

Este livro foi composto na tipologia Univers LT Std, em corpo 10/14, e impresso em papel off-white na Lis gráfica.

EDITORA JOSÉ OLYMPIO LTDA.
Rua Argentina, 171 – 3º andar – São Cristóvão
20921-380 – Rio de Janeiro, RJ
Tel.: (21) 2585-2000

Seja um leitor preferencial Record.
Cadastre-se e receba informações sobre nossos lançamentos e promoções.

ISBN 978-85-03-01317-8
Impresso no Brasil
2017